はじめに

　平成21年8月12日、裁判員が参画した2例目の裁判の判決が、さいたま地裁において言い渡されました。裁判員裁判の一例目は8月6日に東京地裁で判決が言い渡され、3例目は9月4日に青森地裁で予定されています。そして、5月12日に裁判員制度が施行されて以降、裁判員制度の対象と考えられる重大事件の起訴件数は、優に300件を超えており、今後、裁判員裁判は、全国各地裁で加速度的に増加し、制度の運営は本格化していくものと推測されます。

　しかし、本制度とその運営の細部は、必ずしも完全に整備されているわけではなく、また、改善すべき点も多々あるといわれています。それは、かつてわが国には同種の制度が運用されていたものの、既に遠い昔（昭和初期）の短期間のことに過ぎず、その後、大きく変化した社会環境と国民の意識をこの制度とその運用にどのように反映していくべきか、まさに、事例の積み上げの中で整えていくことが求められていることを意味しているものといえます。

　さて、本制度が、国民一人ひとりに裁判員として、裁判の一連の過程に参画することを、「国民の義務」としていることはいうまでもありません。ただ、見落とされがちなのは、裁判員あるいは裁判員候補者が企業・団体などに雇用されている場合には、裁判員としての活動に必要な時間を休暇とするのか否か、また、有給とするのか否か等々人事労務管理上の諸問題へと派生するという

点です。そこには、従業員に一国民としての義務を果たさせ一企業・一団体としての社会的責任を果たすという視点から、企業・団体として、裁判員制度に備え整えておくべき点が少なからずあります。

　こうした事情を踏まえ、本書では、制度自体の考え方と仕組みについて、最高裁判所から公表されている資料を基に「Ⅰ 制度の概要」、「Ⅱ 裁判員の選任」の2パートを設け、さらに人事労務管理上の問題として予想される点を「Ⅲ 裁判員制度と人事・労務管理」のパートとして、分かりやすいQ&A形式でまとめて解説しました。そして、巻末には「裁判員休暇規程」をその一例として収録しました。

　本書を、裁判員制度を正しく理解し、人事労務面での適切な管理のお役に立てていただくことを願ってやみません。

　平成21年8月14日
　　　　　　　　　社団法人 全国労働基準関係団体連合会

目 次

Ⅰ 制度の概要

Q1　どのような制度ですか？……………………………………… 8

Q2　どのような事件の裁判が対象となるのですか？…………… 9

Ⅱ 裁判員の選任

Q3　どのような人が裁判員になれ、また、なれないのですか？… 10

Q4　裁判員はどのようにして選ばれるのですか。
　　また、どのくらいの確率で選ばれるのですか？…………… 12

Q5　裁判員を辞退することはできないのですか？ 中小企業で
　　は代替要員を手当することがむずかしいのですが………… 17

Q6　裁判員（候補者）には日当、交通費が支給されるのですか？… 20

Q7　裁判員は何日間ぐらい裁判に参加するのですか？………… 21

Q8　補充裁判員は何をするのですか？…………………………… 22

Q9 裁判員裁判は、1日何時間ぐらいかかりますか？ ………… 23

Q10 裁判員になったことを家族や親しい人に
話してもよいのですか？ …………………………………… 24

Q11 裁判員や裁判員だった人に、なぜ、守秘義務が課せられて
いるのですか？ どのような事柄の秘密を守らなければなら
ないのですか、また、秘密を漏らした場合にはどのような
刑罰が科せられるのですか？ ……………………………… 25

Q12 裁判員になるとどのようなことをするのですか？ ………… 28

Q13 実際の裁判はどのような流れで進むのですか？ …………… 29

Q14 法律の知識がなくても大丈夫ですか？ 事前の研修などやっ
ていただけるのですか？ …………………………………… 31

Q15 何か月という長期にわたる裁判でも
裁判員が担当するのですか？ ……………………………… 32

Q16 議論を尽くしても、全員の意見が一致しなかったら
どうなるのですか？ ………………………………………… 33

Q17 裁判員になったためにトラブルに
巻き込まれたりするおそれはありませんか？ …………… 34

Q18 裁判員は、その事件に関するニュースや新聞を
見てもよいのですか？ ……………………………………… 35

Q19 裁判員として見聞きしたことは、帰ってから
会社や家庭で話してもよいのですか？ ························ 36

Ⅲ 裁判員制度と人事・労務管理

Q20 選任された従業員を支援するには会社として
どのような心構えが必要ですか？ ···························· 37

Q21 ⑴裁判員制度の実施に対応して会社ではまず何をすべきで
すか？
⑵裁判員候補者になった従業員に必要な時間を与える必要
がありますか？
⑶就業規則にはどのような規定を設けたらよいのですか？
社内規程の形で作成した方がよいのでしょうか？ ········ 39

Q22 裁判員休暇について一般従業員は有給とし、パートタイマ
ーは無給とする取扱いは違法ですか？ ························ 44

Q23 裁判員休暇を取るため、上司や同僚に、裁判員（候補者）
になったことを話してもよいのですか？ ····················· 45

Q24 社員が裁判員候補者名簿に登載されたと申し出た場合に、
会社はどうすればよいのですか？ ···························· 46

Q25 裁判所から裁判員候補者に選任された旨の通知を受けた従
業員が、相談したいと申し出てきた場合、どこまでアドバ
イスして差し支えないのでしょうか？ ························ 48

Q26　就業規則に「裁判員候補者になった場合は会社に報告しなければならない」旨を定めても差し支えありませんか？ … 49

Q27　裁判員休暇をとった従業員が、本当に裁判員としての職務に従事したかを確認するため、本人に報告義務を課すことは差し支えありませんか？ …………………………………… 50

Q28　従業員が裁判員候補者に選ばれたこと、裁判員としての体験談を社内報やイントラネットに掲載することはできるのですか？ ………………………………………………………… 52

Q29　裁判員に選任されたことを知られたくないとして、年次有給休暇を請求した場合、会社は認めなければいけませんか？ … 54

Q30　裁判員休暇を取得して裁判員の職務に従事した日は、年次有給休暇の発生要件である「8割以上の出勤」を算定する上で「出勤したもの」として扱うべきでしょうか？ ……… 55

Q31　裁判員に選任された従業員へ、その日の裁判（審理）が終わったら出勤して仕事をするよう指示しても差し支えありませんか？　また、その場合には、時間外割増賃金を支払わなければならないのでしょうか？ ……………………… 57

Q32　裁判員候補者に選任され出頭を求められた従業員が、裁判員休暇をとって裁判所に出頭したものの裁判員には選任されなかった場合、とる予定だった裁判員休暇はどのように取り扱えばよいのでしょうか？ ……………………… 59

Q33 裁判所で裁判員としての職務に従事してから会社や自宅に戻る途中に交通事故に遭って負傷した場合、労災保険が適用されますか？ あるいは国家公務員災害補償保険法が適用されるのでしょうか？ ……………………………………………… 62

Q34 裁判員としての職務に従事したことによって精神的に大きなショックを受けてメンタルヘルス不調を来たした場合、補償されるのですか？ ………………………………………… 64

Q35 派遣労働者が裁判員に選ばれた場合、裁判員としての職務に従事するために必要な時間を与えなければならない義務は、派遣元、派遣先、いずれが負うのですか？ …………… 65

Q36 派遣労働者が裁判員に選任されたことを理由として、派遣先は派遣契約期間の中途でその派遣契約を解除できますか？ … 67

参考資料　　裁判員休暇規則（例）……………………………… 69

I 裁判員制度の概要

  どのような制度ですか？

answer

広く国民が裁判に参加する制度です。

　国民から選ばれた6人の裁判員が、地方裁判所で行われる個別の刑事裁判に参加し、被告人が有罪か無罪か、有罪の場合はどのような刑にするのかを3人の裁判官と一緒に決める制度です。この制度によって裁判の進め方やその内容に国民の視点、感覚が反映されることになります。その結果、裁判全体に対する国民の理解が深まり、裁判がより身近に感じられ、司法への信頼が高まっていくことが期待されています。

　この制度は、平成16年5月28日に公布され、平成21年5月21日に施行された「裁判員の参加する刑事裁判に関する法律」（以下「裁判員法」といいます。）に基づいて実施されるものです。

 どのような事件の裁判が対象となるのですか？

― *answer*

 **裁判員制度は刑事事件の裁判すべてが対象となるものではありません。一定の重大な犯罪であり、原則として地方裁判所で行われるものに限られます。**

　対象となるのは、裁判員法第2条1項で、「死刑又は無期の懲役若しくは禁固に当たる罪に係る事件」（1号）、「裁判所法26条2項2号に掲げる事件であって、故意の犯罪行為により被害者を死亡させた罪に係るもの（前号に該当するものは除く）」（2号）と定められています。具体的には、次のとおりです。

① 人を殺した場合（殺人）
② 強盗が人にけがをさせ、あるいは、死亡させた場合（強盗致死傷）
③ 人にけがをさせ、その結果、死亡させた場合（傷害致死）
④ ひどく酔った状態で、自動車を運転して人をひき、死亡させた場合（危険運転致死）
⑤ 人が住んでいる家に放火した場合（現住建造物等放火）
⑥ 身代金を取る目的で、人を誘拐した場合（身代金誘拐）
⑦ 子供に食事を与えず、放置して、死亡させた場合（保護責任者遺棄致死）　　　　　　　　　などです。

裁判員の選任

Q3  どのような人が裁判員になれ、また、なれないのですか？

answer

 **誰でもなれるのが原則です。中にはなれない方もいます。**

　裁判員は、20歳以上の有権者（衆議院議員選挙人名簿に登録された者）であれば、原則として誰でも裁判員になることができます。ただし、選挙権のある方でも法律上、裁判員になることができない人もいます。具体的には、次のような方は裁判員になれません。

(1) **欠格事由のある人**
　　＝一般的に裁判員になることができない人（法14条）
　・国家公務員になる資格のない人
　・義務教育を終了していない人（義務教育を終了した人と同等以上の学識を有する人は除く）
　・禁固以上の刑に処せられた人

・心身の故障のため裁判員の職務の遂行に著しい支障のある人

(2) **就職禁止事由のある人**

　　＝裁判員の職務に就くことができない人（法15条）

・国会議員、国務大臣、国の行政機関の幹部職員
・司法関係者（裁判官、検察官、弁護士など）
・大学の法律学の教授、准教授
・都道府県知事及び市町村長（特別区長を含む）
・自衛官
・禁固以上の刑に当たる罪につき起訴され、その被告事件の終結に至らない人
・逮捕又は勾留されている人　など

(3) **事件に関連する不適格事由のある人（法17条）**

・審理する事件の被告人又は被害者本人、その親族、同居人など
・審理する事件について、証人又は鑑定人になった人、被告人の代理人、弁護人等、検察官又は司法警察職員として職務を行った人など

(4) **その他の不適格事由のある人**

その他、裁判所が不公平な裁判をするおそれがあると認めた人

Ⅱ 裁判員の選任

Q4 裁判員はどのようにして選ばれるのですか。また、どのくらいの確率で選ばれるのですか？

―――――― answer

公平を期すため「くじ」によって選ばれます。その確率は、人口や事件数によって異なります。全国平均では、約5,600人に一人といわれています。

裁判員は、以下の選任手続きによって選ばれます。

第1段階（前年秋）
裁判員候補者の名簿が作成されます。

選挙権のある人の中から、翌年の裁判員候補者となる人を、毎年、抽選で選び、裁判所ごとに裁判員候補者名簿が作られます。

第2段階（前年12月頃まで）
名簿に登載されたことを候補者に通知します。通知とともに調査票が送られます。
　この段階では裁判所へ行く必要はありません。

この名簿に載った方には、遅くとも前年12月ごろにはその旨が通知されます。この通知とともに調査票が送付されます。（平成20年は、11月28日に通知されました。）

「あなたが裁判員候補者名簿に登載されました。」との通知には、調査票が付いています。この調査票は、

① 禁止事由への該当の有無
② 1年を通じての辞退希望の有無・理由
③ 月の大半にわたって裁判員となることが特に困難な特定の月がある場合（株主総会の開催月、決算日など）、その特定の月における辞退希望の有無・理由

を尋ねるものです。したがって、調査票に特定の繁忙月などを記載して返送すれば裁判所が配慮してくれる可能性があります。通知を受けて調査票に記入して返送しないときは支障がないものとして取り扱われます。

第3段階

事件ごとに「くじ」（不作為）で裁判員候補者が選ばれ、選ばれた人には裁判所から呼出状が送られます。

　遅くとも裁判の始まる6週間前には、候補者名簿の中からさらにその事件の裁判員候補者を「くじ」で選び、「呼出状」と「質問票」が候補者に送られます。この「くじ」で選ばれなかった場合には、裁判所に行く必要はありません。また、裁判員候補者名簿は毎年作成されますので、第2段階の通知から1年経過すればその年の裁判員候補者ではなくなります。

　この「呼出状」には、事件についての具体的な日程が記載されており、候補者はその日程を前提にした辞退事由を質問票に記載することができます。また、「質問票」には、上記調査票の項目①～③のほか、例えば、重い病気で裁判所へ行くことが困難であることなど主観的、具体的な辞退事由の有無及び辞退を希望するか否かの質問も含まれています。

　なお、質問票に虚偽を書くことは罰則付きで禁止されています（50

万円以下の罰金)。

> **第4段階**
> **出頭した候補者の中から裁判員を選ぶための手続が行われます。**

(1) 呼出状に記載された選任手続期日に出頭すると、裁判長から審理する事件の被告人の氏名、事件の概要、罪名などが説明されます。そして、「当日用質問票」に当該事件に関する不適格事由がないかを記載します。この「当日用質問票」は、例えば①その事件に特別な関係があるか、②事件に関する情報を報道などによってすでに得ているか、③自分や近親者が同じような事件の被害者になっているかどうか等、事件に関連する不適格事由に該当するかどうかが尋ねられます。不適格事由とは、被告人や被害者等と特別な関係があるか否か等です。

(2) 続いて開かれる質問手続き(非公開)では、裁判長が候補者一人一人に面談します。裁判官3人、書記官3人、検察官、弁護人が立会って、辞退事由についての具体的な事情や不公平な裁判をするおそれがないかを確認するものです。その結果、不公平な裁判をするおそれがあると裁判所が認めた者は、裁判員になれません。

> **第5段階**
> **出頭した候補者の中から6人の裁判員が「くじ」(不作為)で決定されます。**

面談によって裁判員になれない人もしくは辞退事由に該当すると認められた人以外の人から、「くじ」により6人の裁判員が決定されます。ただし、事件によっては補充裁判員が選ばれることがあります。裁判員に選ばれなかった人は、そのまま帰ることにな

ります。

○ この段階で、裁判員に選任されなかった人は、予定された日数の裁判員休暇を会社に届け出てきたにもかかわらず、第１日の午前だけで、以後裁判員としての職務はなくなります。しかも、呼び出された人の大半がこれに該当することになります。この場合にいったん届け出た休暇の残日数をどう取り扱うか、混乱を生じないように、就業規則（裁判員規程）で定めておくことが必要になります。

○ 裁判所から呼び出されたのに、正当な理由なく出頭しないと、10万円以下の過料に処せられます。仕事の都合で急きょ裁判員を辞退したいという場合は、「事業上の重要な用務を自分で処理しないと著しい損害を生じるおそれがあること」に該当するかどうか、ということであり、この辞退を認めるか否かは、職務に従事する期間、事業所の現状、日時の可能性などを、ケースによって裁判所が総合的に判断します。

第６段階
審理に入ります。
いよいよ裁判員裁判が始まります。

審理は、通常、第１日の午前中に選任手続を終了し、午後から行います。裁判員裁判は、３日以内で終了する事件が多く、９割の事件が５日以内には終了すると予想されています。３日間の審理日程の場合、裁判員は初日は午後から３，４時間程度、２日目以降は午前午後の審理と評議の時間を含め１日５、６時間程度裁判所の職務に拘束されることとなると見込まれています。

Ⅱ 裁判員の選任

> **参考：裁判員（候補者）に選ばれる確率等について**
>
> 　裁判員候補者に選ばれる確率は、都道府県別の事件の多寡、人口数によってかなりの差が出てくることになります。平成21年4月に最高裁から発表された資料では、平成20年には殺人、強盗傷害など裁判員制度の対象事件が全国で2,324件あり、選挙人名簿の登録数をもとに1事件につき裁判員6人、補充裁判員2人として試算すると、裁判員に選ばれる確率は全国平均で5,593人に1人ということになります。上記の第3段階の裁判員候補者として呼び出される人数は、1事件について50人～100人といわれますから、候補者として呼び出される確率は全国平均で400人～600人に1人程度と思われます。
>
> 　なお、この発表資料によれば、裁判前に争点や証拠を絞り込む「公判前整理手続」がとられた対象事件の公判回数は、約67％が3回以内に終了し、4～6回かかったのは約25％、7回以上は約8％となっています。9割の事件が5日以内に終了することはこの発表によっても裏付けられます。

Q4,5

裁判員を辞退することはできないのですか？ 中小企業では代替要員を手当することがむずかしいのですが

answer

単に忙しいからという理由だけで辞退することはできません。

「法律で辞退を認められた場合」（下記の※参照）や、「政令で定めるやむを得ない理由」（次頁参照）に該当する場合のように、非常に重要な仕事があり、その人自身が処理しなければ、事業に著しい損害が生じると裁判所が認めた場合には、裁判所で「質問票」や裁判員選任手続の「面談」で確認した上で、総合的に判断して辞退が認められる可能性があります。

事前質問票により、辞退事由に該当すると認められた場合は、裁判所への呼び出しが取消され、裁判員選任手続きをする期日に出頭する必要はなくなります。

※　法律で辞退が認められている人とは：
　1　70歳以上の人
　2　地方公共団体の議会の議員（会期中）
　3　学生、生徒

Ⅱ 裁判員の選任

> 4　5年以内に裁判員や検察審査員などの職務に従事した人
> 5　3年以内に選任予定裁判員（※）に選ばれた人
> 6　1年以内に裁判員候補者として裁判員選任手続の期日に出頭した人
> 7　以下の事由や政令で定めるやむを得ない理由（◎）があって、裁判員の職務を行うことが困難な人
> 　・重い疾病や傷害
> 　・同居の親族の介護・養育
> 　・自分で処理しないと著しい損害が生じるおそれがある事業上の重要な用務
> 　・父母の葬式への出席など社会生活上の重要な用務

◎　政令で定める「やむを得ない理由」とは：
1　妊娠中または出産から8週間以内。
2　日常生活に支障がある同居の親族または親族以外の同居人を介護・養育する必要がある。
3　配偶者（事実婚を含む）や直系の親族・兄弟姉妹や同居人が、重い疾病や傷害で通院や入退院する際に付き添う必要がある。
4　妻（事実婚を含む）または子の出産に立ち会ったり、出産に伴う入退院に付き添ったりする必要がある。
5　住所または居所が裁判所の管轄区域外の遠隔地にあり、裁判所に出頭することが困難である。
6　そのほか、裁判員の職務を行ったり候補者として選任手続きに出頭したりすることで、自己または第三者に身体上、精神上、経済上の重大な不利益が生じると認めるに足りる相応

の理由がある。

> ※ 選任予定裁判員：事件を分離して審理することを決定した場合に分離した事件ごと、あるいは併合した事件ごとにあらかじめ選任しておく裁判員のこと。

　2例目となったさいたま地裁では、約16,400人の裁判員候補者の中から無作為に選ばれた90人のうち、前日までに、70歳以上であること、重要な仕事があることなどを理由として43人が辞退を認められ、呼び出し状が届かなかった3人、出頭しなかった3人以外の41人が出頭し、さらに辞退を希望した7人を除く34人の中から裁判員6人、補充裁判員4人（台風等のため通常より2人多い）が選ばれています。

　参加は国民の義務！　忙しいというだけでは辞退できません。裁判所が「著しい影響が生じるおそれがある」と判断した場合だけ辞退できます。やがては、裁判に参加するのは国民の権利という時代が来るかもしれません。

Ⅱ 裁判員の選任

 裁判員（候補者）には日当、交通費が支給されるのですか？

answer

日当、交通費など定められた額が支給されます。

　裁判所に出頭する日の日当、交通費は支給されます。裁判所から家が遠いなどの理由で宿泊しなければならない場合は宿泊費が支払われます。

　日当の金額は、裁判員候補者は1日当たり8,000円以内、裁判員及び補充裁判員は1日当たり1万円以内となっています。

　宿泊費は、宿泊する地域によって、7,800円または8,700円になります。

　なお、この日当の性格は、「報酬」ではなく、裁判員または裁判員候補者が職務を行うに当たって生じる損失を一定限度で補償するというものです。

　したがって、日当を得ているといっても通常の賃金を代替するものではありませんから、日当の支給については企業側は関与しないことが裁判所からは求められています。

 裁判員は何日間ぐらい裁判に参加するのですか？

answer

 **裁判員裁判では3日以内で終了する事件が7割ぐらいと見込まれています。**

　審理の日程は、事件の内容によって異なりますので、一概には言えません。しかし、裁判員裁判では、法定での審理を始める前に、裁判官、検察官、弁護人の三者でポイントを絞ったスピーディな裁判が行われるように、事件の争点や証拠を整理し、審理計画を明確にするための手続（公判前整理手続）が行われます。また、できるだけ連続して開廷することになっています。このため、多くの事件は数日間で終わると見込まれ、約7割の事件が3日以内で終わると見込まれています。

　原則として、連日開廷され、通常の事件ならば3日程度、少し長いと5日程度連続するものと予想されます。

Ⅱ 裁判員の選任

補充裁判員は何をするのですか？

―― answer

補充裁判員は、裁判員に支障が生じたときに裁判員になります。

　補充裁判員は、裁判の途中で裁判員に支障が生じたなどの理由で人数に不足が生じた場合に裁判員に選ばれるものです。第一回公判期日選任手続き期日に「くじ」で選ばれますが、その人数は決まっているわけではありません。

　なお、裁判員が不足した場合に備える役割ですから、裁判員と同様に、訴訟に関する書類や証拠を見ることや、評議を傍聴することもできます。

　「裁判の途中での支障」とは、①本人の病気やケガ、②家族の病気や怪我の付き添い、③妻子の出産の付き添い、立ち会い、④自ら処理しなければ、事業が大損害を被るおそれがある、⑤父母の葬儀などによって辞任を申し立て、これが認められた場合等が当たります。

　裁判員制度第一号となった事件の審理でも、3日目に体調不良となった女性裁判員に代わって男性の補充裁判員が裁判員となりましたネ。

 裁判員裁判は、1日何時間ぐらいかかりますか？

answer

 公判期日の第1日目は午前が選任手続、午後から審理、第2日目からは午前も午後も審理となり、1日5〜6時間とされています。

　裁判員の選任手続きは、呼出状に決められた選任手続き期日（第1回公判期日）の午前中に行われることになっています。裁判員候補者50人〜100人くらいが出頭し、その中から6人の裁判員が選任されます。また、補充裁判員も選任されます。呼び出された対象者全員と面談することが必要とされていますので、午前中は選任手続きにかかってしまうと思われます。

　その日（1日目）午後から、第1回公判手続きに入りますが、3〜4時間程度は審理が行われることになります。2日目以降は午前と午後の審理と評議となりますので、それぞれ5〜6時間程度は拘束されることになるといわれています。

Ⅱ 裁判員の選任

  裁判員になったことを家族や親しい人に話してもよいのですか？

answer

 **裁判員になったことを家族や友人に知らせる程度のことは差し支えありません。**

　裁判員法101条では、氏名や住所その他裁判員であることを特定するに足りる情報を公にしてはならないとされています。しかし、「公にする」とは、出版、放送といった手段による場合やインターネットのホームページ等に掲載する場合など、自分で裁判員候補者になったことを不特定多数の人が知ることができるような状態にすることをいいます。

　つまり、家族や友人等に話すこと程度のことは「公にする」には該当しないわけですから、日常生活の中で、家族や友人に裁判員になったことを話すことまでは差し支えありません。

　なお、こうした制約は、事件の関係者が裁判員に働き掛けるのを防ぎ、裁判員自身の平穏を守るとともに、裁判員裁判の公正を確保する目的から加えられているものです。

Q10,11

裁判員や裁判員だった人に、なぜ、守秘義務が課せられているのですか？ どのような事柄の秘密を守らなければならないのですか、また、秘密を漏らした場合にはどのような刑罰が科せられるのですか？

answer

　守秘義務は、裁判員が審理において自由な意見を述べられるようにするとともに、被害者・加害者のプライバシーを保護するなどのために課されているもの。守るべき秘密は、評議の中味と裁判員として知り得たことのうち法廷で公開されていないことがらとなります。秘密を漏らすと6か月以下の懲役または50万円以下の罰金が科せられます。

　【何のための守秘義務】守秘義務は、裁判員が審理において、自分の視点で、自分なりに感じたことを、自分の言葉で意見を言うことができるようにし、また、被害者や加害者のプライバシーを保護することにより、裁判員裁判の公正さを保ち信頼を得るために課せられているものです。

　分かり易く例えるなら、裁判員に選任されたことや裁判員としての発言が漏洩することにより、被害者か加害者自らあるいはそ

の関係者が、自分達に有利な判決を得ようとして、裁判員に直接、間接に働きかける、あるいは判決を不服として裁判員に接触するなどにより裁判員やその家族の身の安全が脅かされたり、審理において自由な発言や発送が制約される、あるいは裁判員を通じて漏れた被害者・加害者らのプライバシーがインターネット上に流出するなどにより、裁判の公正さが失われ、裁判に対する信頼が揺るぐことがないようにするために課せられているといえます。

【守るべき秘密】守るべき秘密は、評議の秘密（どのような経過で結論に達したか、誰がどのような意見を述べたか、賛成・反対の人や数、多数決の内訳）、事実や量刑判断の秘密（部外者に事実認定や量刑判断に関する他の者の意見や自分の意見を述べること、事実認定や量刑の見込みを述べること）、職務上知った秘密（事件関係者のプライバシー、裁判員の名前など）など裁判員として活動したことによって知った事実のうち、公開の法廷で明らかにされなかったものということになります。なお、言うまでもありませんが、公開の法廷で明らかになったことには、守秘義務は課せられません。

【秘密を漏らしたら】守るべき秘密を漏らしてしまった場合の罰則は、裁判員・補充裁判員であったものも含め、6か月以下の懲役または50万円以下の罰金となります（次頁の表参照。裁判員・補充裁判員であった者が利益を得る目的ではなく評議の経過、内容等を漏らした場合には50万円以下の罰金のみ）。

裁判員・補充裁判員である者（全体の任務終了まで）	評議の内容	どのような経過で結論に達したか	6か月以下の懲役または50万円以下の罰金
		誰がどのような意見を述べたか	
		その意見に賛成（反対）した人や人数	
		多数決の内訳など	
	事実認定・量刑判断の内容	部外者に他の者の意見や自分の意見を述べる	
		部外者に裁判所の事実認定や量刑の見込みなどを述べる	
	裁判員として活動中に知ったこと	事件関係者のプライバシー	
		裁判員の名前など	
裁判員・補充裁判員であった者（全体の任務終了後）	事実認定・量刑判断に対する意見	部外者に、判決の事実認定・量刑の当否を述べた場合	
	裁判員として活動中知ったこと	同上	
	評議の秘密(A)	誰がどのような意見を述べたか	
		その意見に賛成（反対）した人の人数	
	評議の秘密(B)	利益を得る目的で、評議の経過を漏らした場合	
	評議の秘密(C)	利益を得る目的はなかったが、評議の経過を漏らした場合	50万円以下の罰金

Ⅱ 裁判員の選任

  裁判員になるとどのようなことをするのですか？

answer

 **裁判員の仕事は①裁判に立会う。②有罪か無罪か、有罪となったら罪の重さを決める。③判決の言渡しに立ち会うことです。**

(1) 公判に立ち会う

　裁判員に選ばれると、裁判官と一緒に、公判での審理に立ち会い、判決まで関与することになります。公判では裁判員が証人や被告人に対して質問することもできます。証拠として提出された物や書類も取り調べます。

(2) 評議、評決に参画する

　証拠をすべて調べた後、被告人が有罪か無罪か、有罪となった場合どのような刑に処するかを、裁判官と一緒に議論し（評議）、決定（評決）します。

(3) 判決宣告に立ち会う

　評決内容が決定すると、法廷で裁判長が判決を宣告します。判決の宣告により裁判員の職務は終了します。

Q12,13

 実際の裁判はどのような流れで進むのですか？

―― answer

 **裁判員裁判では、効率的に審理が進むように、公判前整理手続が行われます。**

(1) 現行の制度による公判手続

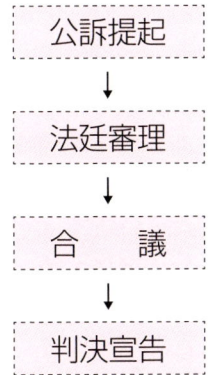

(2) 裁判員制度における公判手続き

　　裁判員裁判の手続は、基本的には、裁判官のみによって行われる現行の裁判と同じです。しかし、裁判員裁判では、法廷での審理が始まる前に、裁判官、検察官、弁護人の三者で、ポイントを絞った効率的な審理が行われるように、事件の争点及び証拠を整理する「公判前整理手続」が行われます。

Ⅱ 裁判員の選任

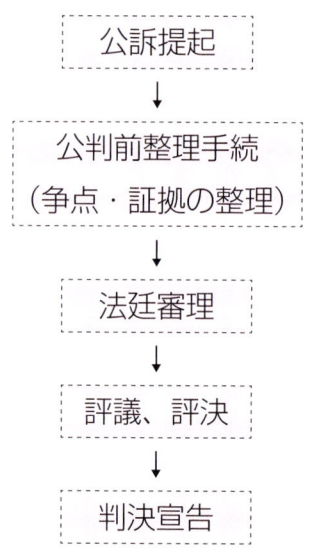

もう少し噛み砕いて流れを追うと、①被告人に本人であることを確認します。②検察官が起訴状を朗読します。③被告人には黙秘権があることなどが告げられます。④起訴事実について被告人と弁護人から意見を聴きます。⑤検察官が考えた事件のストーリーを説明します。⑥弁護人として考えた事件のストーリーを説明します。⑦検察官が証人に尋問するなど証拠調べをします。⑧弁護人が同様に証拠調べをします。⑨検察官が事実関係や法律の適用、量刑について意見を述べます。⑩弁護人も同様に意見を述べます。⑪被告人が意見を述べます。⑫裁判官と裁判員で有罪か無罪か、有罪の場合の刑罰の程度を議論します。⑬裁判官が判決書の起案します。⑭裁判長が判決書の主文を読み理由を朗読又は要旨を告げます。

法律の知識がなくても大丈夫ですか？ 事前の研修などやっていただけるのですか？

answer

裁判員に法律知識は必要とされていません。日常生活からの意見が期待されています。

　裁判員は、選ばれたその日から事件の審理に入りますから、事前に一定期間を取って研修が行われることはありません。ただし、実際の審理に先立って裁判官から、裁判手続や裁判員の権限、義務などについて説明があります。また、裁判員が行う職務は、法廷で聴いた証人の証言や物証などの証拠に基づいて、他の裁判員や裁判官とともに被告人が有罪か、無罪か、有罪とされた場合には科すべき刑の内容を議論して判断するものですから、日常生活上の情報に基づいて判断していることと同じで、特に法律知識は必要でないとされています。
　なお、法律知識が必要な場合には、裁判官からわかりやすく説明されます。

Ⅱ 裁判員の選任

Q 15

何か月という長期にわたる裁判でも裁判員が担当するのですか？

―――――――――― answer

法律で定める対象事件であれば、審理期間に関係なく裁判員が担当する事件となります。なお、何か月にもわたることは想定されていません。

　裁判員裁判ではほとんどの事件は数日で終わると予想されています。従来の裁判では約１か月に１回のペースで公判が行われていたため、平均して約８か月かかっていました。しかし、裁判員裁判では毎日開廷されるのを原則としていますし、しかも、裁判官、検察官、弁護人があらかじめ事件の争点や証拠を整理する「公判前整理手続」がとられますので、審理期間は長くても１週間程度まで大きく短縮されるものと期待されています。

審理期間が延びた場合には、改めて都合を尋ねられ、Ｑ８のような支障がある場合には、辞退を申し立てることができます。

Q15,16

 議論を尽くしても、全員の意見が一致しなかったらどうなるのですか？

answer

多数決で結論を出します。

　評議を尽くしても意見の一致が得られなかったときは、多数決で結論を出すことになります。この場合に、裁判員の意見は裁判官と同じ重みを持っています。なお、多数決といっても、裁判員だけ、あるいは裁判官だけによる意見で結論を決めることはできません。裁判員、裁判官のそれぞれ1名以上が賛成していることが必要で、多数決で決定します。

　その方法は、刑の量定について意見が分かれ、その説がそれぞれ、構成裁判官及び裁判員の双方の意見を含む合議体の員数の過半数の意見にならないときは、その合議体の判断は、被告人に最も不利な意見の数を順次利益な意見の数に加え、過半数に達した意見の量刑とするものです。

裁判官3人と裁判員1人が「無罪」とし、残りの裁判員5人が「有罪」とした場合、多数決では5対4で有罪。でも、裁判官が1人も「有罪」としていないので、「有罪」にはなりません。

Ⅱ 裁判員の選任

Q 17

裁判員になったためにトラブルに巻き込まれたりするおそれはありませんか？

answer

裁判員は法で保護されています。

　裁判員の名前や住所などの情報は、公にしてはならないとされています。また、裁判員に手心を加えるようにあるいは厳しく処断するようになど頼み事をしたり、裁判員やその家族を脅した者には、刑罰が科せられます（2年以下の懲役又は20万円以下の罰金）。

　なお、裁判員やその親族に危害が加えられるおそれがあり、裁判員の関与が非常に難しいようなごく例外的な事件については、裁判員が加わることなく、裁判官だけで裁判をすることもできることとされています。

Q18

裁判員は、その事件に関するニュースや新聞を見てもよいのですか?

answer

テレビや新聞を普段どおり見ても構いません。

テレビや新聞、雑誌、インターネット等は普段どおりに見ることができます。しかし、裁判員として判断する際には、あくまで法廷で示された証拠（証言や被告人の話、物証、鑑定書など）だけに基づいて判断することになります。

冒頭陳述（証拠を調べる前に検察官や弁護人が事件のストーリーを説明するもの）や論告（審理を終えて検察官が行う最終的主張）、弁論（弁護人が行う前同）は、それぞれの立場からの「主張」であり、「証拠」ではありません。

Ⅱ 裁判員の選任

Q19 裁判員として見聞きしたことは、帰ってから会社や家庭で話してもよいのですか？

answer

公開の法廷で見聞きしたことは、話しても差し支えありません。

　公開の法廷で見聞きしたことであれば、話しても大丈夫です。漏らしてはいけない秘密は、評議の秘密と、評議以外の裁判員としての職務を行うに際して知った秘密です。

　この評議の秘密には、例えば、①どのような過程を経て結論に達したのか、②裁判員や裁判官がどのような意見を述べたか、③その意見を支持した意見や反対した意見の数、評決の際の多数決の人数などが含まれると考えられています。

　また、評議以外の裁判員としての職務を行うに際して知った秘密には、例えば、①記録から知った被害者など事件関係者のプライバシーに関する事項、②裁判員の名前などが該当します。

　なお、自分はこんな意見を言ったということも話してはなりません。

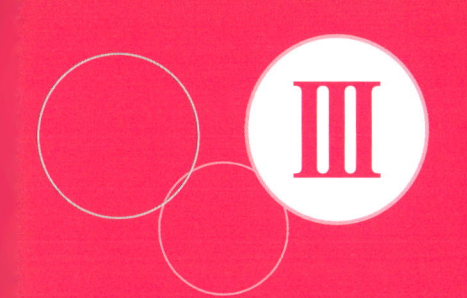

III 裁判員制度と人事・労務管理

Q20 選任された従業員を支援するには会社としてどのような心構えが必要ですか？

answer

社員教育として裁判員制度を周知すれば職場にもプラスになるのではないでしょうか。

　発表されているデータでは、裁判員に選任される確率は、毎年約5,000人に1人程度ということですが、もし選任された場合には職場の人の協力が得られないと、円滑な職場生活が妨げられるおそれもあります。また、本人が職場を休むことについて精神的に負担を感じることも考えられます。そのような事態にならないように、とくに管理職の方は制度をよく理解しておくことが求められています。

　会社では、従業員が裁判員に選任されると否とに関わらず、今後の職場の在り方として、平素から裁判員制度について、管理職

を含め社員を教育しておくことがいざという時の備えとして必要といえます。

> 従業員が裁判員に選任された場合、裁判員としての活動に必要な時間を与えなければなりません（労基法第7条）。裁判員としての職務の執行に関して不利益に取り扱うことはできません（裁判員法第100条）。

Q21

(1) 裁判員制度の実施に対応して会社ではまず何をすべきですか？
(2) 裁判員候補者になった従業員に必要な時間を与える必要がありますか？
(3) 就業規則にはどのような規定を設けたらよいのですか？ 社内規程の形で作成したほうがよいのでしょうか？

answer

　裁判員制度の内容は、国民の義務を果たす上の常識として知っておかなければならないものです。社員教育の一環とするなどの取組みが望まれます。大企業では、大きい分だけ従業員が裁判員に選ばれる確率が高くなります。一律に対応するためには従業員が選任された場合に備えて規程を設けておくことが望まれます。派遣社員についても対応を考慮しておく必要があります。

定めておくべき基本的事項は、次のとおりです。
① **裁判員に選ばれたときは、公民権の行使や公職に就く場合と同様に、必要な時間を与えなければなりません。この方法として特別休暇（公務休暇）を与える例が多く見られます。**
　従来から公務に従事する場合の社内の取扱をルールとして決めている会社では、裁判員制度についても従来の就業規則の規定を適用するとしているものが多数と思われます。中には、

裁判員に選任された場合を対象として「裁判員休暇」制度を新設する会社もあります。いずれの方法でも差し支えありませんが、裁判員の場合は、従来の公務に従事する場合と異なり、休暇を必要とする期間が数日間に及ぶ場合もあり、秘密を守る義務が課せられることなども考えると、裁判員休暇規程の形で社内に周知し、社員教育に活用しておくことが有用と考えられます。

　選挙権をはじめ「公民権の行使」を保障しなければならないことは、労働基準法第7条において定められています。裁判員制度に参加することも公民としての権利であり、義務であるところから、同条が適用されます。したがって、裁判員に選任されること、また、裁判員として裁判に参加するために必要な時間を労働者から請求された場合は、会社はこれを拒絶できません。なお、労働基準法119条では、同法第7条に違反した行為について6か月以下の懲役または30万円以下の罰金に処せられます。

　また、裁判員になった従業員が裁判員の職務を行うために休暇を取得したこと、その他裁判員、補充裁判員であることを理由として、解雇その他不利益な取扱いをしてはならないとされています（裁判員法第100条）。

参考条文：

労働基準法第7条（公民権行使の保障）
　　使用者は、労働者が労働時間中に、選挙権その他公民としての権利を行使し、又は公の職務を執行するために必要

な時間を請求した場合においては、拒んではならない。但し、権利の行使又は公の職務の執行に妨げがない限り、請求された時刻を変更することができる。

裁判員法第100条（不利益取扱いの禁止）
　　労働者が裁判員の職務を行うために休暇を取得したこと、その他裁判員、補充裁判員、選任予定裁判員若しくは裁判員候補者であること又はこれらの者であったことを理由として、解雇その他不利益な取扱いをしてはならない。

② **裁判員休暇の有給・無給は法律では何ら触れていません。会社の就業規則等で定めるところによります。また、賃金の定めは就業規則や裁判員休暇規程で明確にすることが必要です。**

　労働基準法7条に係る通達には、「本条の規定は、給与に関しては何ら触れられていないから、有給たると無給たるとは、当事者の事由に委ねられた問題である。」としています（昭22．11．27基発399号）。

　裁判員制度は選挙権行使の場合と異なり、裁判員になるとその職務の実施が数日間にわたることが予想されます。このため、選挙権行使の場合は無給扱いとしている事業場でも、裁判員休暇をすべて無給とすることは賛成できません。裁判所からは交通費と日当が支給されますが、裁判所が日当を支給する趣旨は報酬ではなく、職務を行うに当たって生じる損害（裁判所に来るための諸雑費、一時保育料等の出費など）の一部を補償するものと考えられています。具体的な金額は裁判員候補者は1日当たり8,000円以内、裁判員及び補充裁判員は

1日当たり1万円以内とされています。

　民間の有力な調査機関がこの問題に関して調査したところ、「通常勤務とまったく同じ（有給）扱いとする」が89.2％を占め、「休務した分は無給とする」は全体で8.4％でした。企業規模によって差が見られます。また、正社員もパート社員も同様に取り扱うとするのは全体の4分の3程度になっています。しかし、企業の社会的責任が提唱される現在、企業の在り方を考えれば、裁判員休暇はできるだけ有給にすべきものと考えられます。また、裁判所から支給された日当分を差し引いた額を支給する取扱いも考えられますが、事務処理（給与計算）の煩雑さ、通常の業務を処理する場合とは異なる本人への負担等を併せ考えると、得策とはいえません。

参考条文：

裁判員法第11条（旅費、日当及び宿泊料）
　　裁判員及び補充裁判員には、最高裁判所規則で定めるところにより、旅費、日当及び宿泊料を支給する

裁判員規則第7条（裁判員等の日当）
　　裁判員等の日当は、出頭又は職務及びそれらのための旅行（以下「出頭等」という。）に必要な日数に応じて支給する。
2　日当の額は、裁判員及び補充裁判員については1日当たり1万円以内において、裁判員等選任手続の期日に出頭した選任予定裁判員及び裁判員候補者については1日当たり8000円以内において、それぞれ裁判所が定める。

第8条（裁判員等の宿泊料）

裁判員等の宿泊料は、出頭等に必要な夜数に応じて支給する。
2　宿泊料の額は、一夜当たり、宿泊地が、国家公務員等の旅費に関する法律（昭和25年法律第114号）別表第一に定める甲地方である場合においては8700円、乙地方である場合においては7800円とする。

> 　裁判員休暇を申し出た従業員に、裁判員として選ばれたことや活動したこと自体の証明を求めることは差し支えありません。具体的には、呼出状（選任手続期日のお知らせ）のコピーの添付や、申し出により裁判所より発行される証明書を添付してもらうとよいでしょう。

Ⅲ 裁判員制度と人事・労務管理

Q22 裁判員制度について一般従業員は有給とし、パートタイマーは無給とする取扱いは違法ですか？

―――― answer

A **パート労働法で通常の労働者との差別的取扱が禁止されているパートタイマーである場合には、そのような取扱いは違法となる可能性があります。**

　正社員が裁判員になった場合には、通常の勤務日と同じ水準の有給の特別休暇を与えるとしながら、一方でパートタイマーや、アルバイトなど非正社員の場合は無給扱いにしようとする会社もあります。

　裁判員休暇について、このような取扱いを禁止する直接の規定はありません。しかし、パート労働法第8条では、通常の労働者（いわゆる正社員）と同視すべき就業態様の短時間労働者については、短時間労働者であることを理由として、賃金の決定、教育訓練の実施、福利厚生施設の利用などにおいて差別的取り扱いをしてはならないとされています。したがって、このような要件に該当するパートタイマーについては正社員と同様に取り扱わなければなりません。異なった取扱いをする場合には、パート労働法違反となる可能性があります。

Q23

裁判員休暇を取るため、上司や同僚に、裁判員（候補者）になったことを話してもよいのですか？

answer

不特定多数の人に知らせるのでなければ話しても差し支えありません。

　裁判員（あるいは候補者）に選ばれて裁判所に出頭する場合、休暇を取得するために、選ばれたことを会社の上司に話すことはもちろん差し支えありません。報告を受けた上司が、さらにその上司に報告することも、必要な範囲であれば差し支えありません。ただし、「公にする」ことは禁止されています。「公にする」とは、Q10にあるとおり、不特定多数の人が知ることができるような状態にすることをいい、個人のプライバシー保護の上からも保護されなければなりません。

参考条文：裁判員法第101条第1項
「何人も、裁判員、補充裁判員、又は選任予定裁判員又は裁判員候補者若しくはその予定者の氏名、住所その他の個人を特定するに足りる情報を公にしてはならない。これらであった者の氏名、住所その他の個人を特定するに足りる情報についても、本人がこれを公にすることに同意している場合を除き、同様とする。」

Ⅲ 裁判員制度と人事・労務管理

Q24

社員が裁判員候補者名簿に登載されたと申し出た場合に、会社はどうすればよいのですか？

answer

裁判員休暇など会社としての対応を説明することが必要です。

　裁判員候補者の名簿に記載されたという通知は、毎年12月までに本人に郵送されます（Q4参照）。これは予告なしの通知ですから本人は慌てるでしょうが、本人としてはこの段階で特別に何か行なうべきことがあるわけではありません。しかし、裁判員候補者名簿に記載されたということは、翌年1年の間に裁判員として呼出しを受ける可能性があるわけです。年の途中に突然、6週間後に裁判所へ出頭する通知がきたことを申し出るより、名簿に記載されたことを会社にあらかじめ届け出て、事情を承知してもらっておくことは、仕事と職場の理解を円滑に進めるために必要と考えられます。なお、この段階では裁判員候補者となって実際に呼び出されるかどうかもわかりませんし、休暇日数の見込みも立ちませんが、あらかじめの準備として、会社への届出を義務付けることは差し支えありません。

　なお、会社としては、従業員からある日突然、「裁判員になったので、○日間休みます」と言われて、初めて対策を検討するので

はなく、裁判員候補者名簿に登載される確率はそんなに低いわけではなくいずれ必ず名簿に登載される者が出るわけですから、あらかじめ、裁判員制度についての社内規定の整備、社員教育、裁判員休暇取得の手続、賃金の支払い、年休の出勤率の取扱いなどの対応策を決めておくことが望まれます。従業員からの裁判員候補者に登載されたとの申し出は、ある意味では、こうした社内的な準備を始めるための「きっかけ」と考えることもできます。

　候補者になった旨の申出を受けた場合は、あらかじめ準備したあるいはこれから準備をしようしている会社の対応や考え方を上記の事項別に説明しておくことが必要です。

> 慌てず焦らず驚かず。
> 候補者名簿記載通知が来てからでも遅くはないものの、いずれ来るものならば、備えあれば憂いなし。

Ⅲ 裁判員制度と人事・労務管理

Q25 裁判所から裁判員候補者に選任された旨の通知を受けた従業員が、相談したいと申し出てきた場合、どこまでアドバイスして差し支えないのでしょうか？

answer

裁判員制度ではあくまで個人として参加するものです。**個人の意思や立場を尊重してアドバイスする姿勢が肝要**です。

　裁判員に選任されるのは本人ですから、本人の意思とプライバシーを尊重することが第一です。裁判所へ提出する書類の記載に当たっての質問や業務の都合を問い合わせてきた場合などは、例えば多忙で辞退したいと希望するときは、職場の実情に即して、ありのまま書くようにアドバイスすることが大切です。

　忘れてならないことは、本来裁判員制度で裁判員に選ばれるのはあくまで国民としての個人であって、会社は、たまたま本人が勤務していた事情による関わりに過ぎないということです。国としては、会社団体等を通じて従業員が参加しやすいように協力を呼びかけているわけですから、職場の業務に支障を来たすからといって、本人に辞退するよう迫ったり強要するようなことがあってはなりません。

Q26

就業規則に「裁判員候補者になった場合は会社に報告しなければならない」旨を定めても差し支えありませんか？

answer

報告義務を定めても差し支えありません。ただし、報告しなかったことを理由に特に不利益な取扱いをすることはできません。

　裁判員候補者に選任されたことを会社に報告することを義務として就業規則に規定を置くことは差し支えありません。選任手続期日や裁判員として選ばれた場合の取扱いを明確にし、また、業務処理体制を整えるためにもむしろ望ましいことといえます。
　しかし、裁判員に選ばれたことを、本人が他人に知られたくないと希望している場合にまで報告義務を課すことはできません。また、裁判員休暇が設けられている場合でも、この休暇をとったことから生じる会社内での煩わしさを避けるため年次有給休暇で対応しようとする従業員も出てくると思われます。したがって、報告しないことを理由として特別に懲戒事由としたり、不利益な処分はできないものと考えられます。

Ⅲ 裁判員制度と人事・労務管理

Q27 裁判員休暇をとった従業員が、本当に裁判員としての職務に従事したかを確認するため、本人に報告義務を課すことは差し支えありませんか？

answer

その職務に実際に従事したか否かの事実だけを報告させるのであれば問題ありません。

　会社が、裁判員休暇をとった従業員に、裁判員候補者としてあるいは裁判員として裁判所に出頭するなど実際にその職務に従事したか否かという事実を報告させることとしても差し支えありません。

　たしかに、裁判員には守秘義務が課せられています。しかし、守秘義務が課せられる範囲は、①評議の秘密、②職務上知り得た秘密（事件関係者に関する個人情報等）に限定されています。従業員が裁判員の職務に従事したという事実とその期間等について報告を求めても、こうした守秘義務に抵触するものではありませんので、差し支えないこととなります。

　なお、裁判員候補者が期日に出頭した場合には、裁判所は申し出に応じて、呼出状に証明スタンプを押印することになっていますし、裁判員に選ばれて裁判員としての職務に従事した場合にも

同様に、その旨を証明する証明書を発行することになっています。

　会社の裁判員休暇規程に報告義務があることを定めておくとともに、報告する際には、これらの証明スタンプあるいは証明書（写し）を添付するよう定めておくことが無用なトラブルを防ぐ秘訣といえます。

「評議の秘密」とは、裁判官や裁判員の意見の内容、評決の際の多数決の結果、結論に達するまでの過程などを指します。

Ⅲ 裁判員制度と人事・労務管理

Q28

従業員が裁判員候補者に選ばれたこと、裁判員としての体験談を社内報やイントラネットに掲載することはできるのですか？

answer

裁判員候補者として選ばれた個人が特定できないような形（任務終了後で本人が同意した場合はよい）であれば、また、体験談の内容が守秘義務に触れるものでなければ掲載しても差し支えありません。

　裁判員裁判が制度として始まったばかりであり、従業員の誰かが裁判員候補者に選ばれたことだけでも話題になり易いのに、ましてや裁判員に選任され、そして判決が出されたことが報道されれば、世間の注目を集めますし、社内の耳目を集めることとなります。

　そして、これを好機に社内研修のテーマとしてあるいは社内報の記事として取り上げようとするのも自然の流れといえます。

　しかし、裁判員候補者に選ばれたことや裁判員に選任されたことを住所、氏名など個人を特定できる情報を「公にしてはならない」とされています（公にするとは、Q10参照）。したがって、裁判員候補者に選ばれたり、裁判員に任命された段階ではこれを社内報に載せたり、社内イントラネットで公開することはできません。

ただし、裁判員候補者としての職務が終わった場合（裁判員に選任されなかった場合）あるいは裁判員としての職務が終わった場合であって、本人が同意すれば公にできるとされています。つまり、これらの職務が終了した後であって、本人が掲載することに同意すれば、社内報に掲載しても問題がないこととなります。なお、この場合であっても、評議の内容などを明らかにすることはできないので注意が必要です。

> 会社の規模が大きくない場合など誰のことか分かってしまうような場合には、裁判員候補者の社内報への掲載は、匿名であっても控えるのが賢明。興味本位や悪意を持って接触する誘因ともなり得ます。氏名の公表は慎重に！

Q29

裁判員に選任されたことを知られたくないとして、年次有給休暇を請求した場合、会社は認めなければいけませんか？

answer

会社に裁判員休暇があっても、年次有給休暇で裁判員の職務を行ないたい、という申出があった場合にはこれを拒否することはできません。

　年次有給休暇は労働者の権利ですから、本来その取得は本人の自由であるべきで、もともと、年休取得の理由は使用者に申し出る必要はない性格のものです。裁判員に選ばれたことを従業員が会社に隠して、裁判所に出頭するために審理当日の年休を申請したとしても、会社が関知すべきことではありません。ただし、年休として申請すると、その取得が事業の正常な運営を妨げる場合には、時季変更権の行使を受けることがあります。

Q29,30

Q30

裁判員休暇を取得して裁判員の職務に従事した日は、年次有給休暇の発生要件である「8割以上の出勤」を算定する上で「出勤したもの」として扱うべきでしょうか？

answer

法的義務とはされていませんが、出勤率の算定に際しては、①**裁判員の職務を行った日は出勤したものとして取扱うか**、②**労働義務のある「全労働日」から除外して取扱うべきでしょう**。就業規則上に公務に就いたときの取扱いが定められている場合はその規定により、**当該規定がない場合には、裁判員制度を契機に明確にされるようお勧めします**。

労働基準法第7条に規定する「公民権の行使」に関して、同法第39条1項の年次有給休暇の発生要件との関係をどう解するかについて労基法は特に定めていません。したがって、裁判員休暇を取得した期間と年休の取得要件としての「80％以上出勤」の関係では、出勤したものとして取り扱う法的な義務はないものといえます。しかし、裁判員休暇の期間は「公民権の行使」の目的に費やされるものであることから考えれば、裁判員休暇期間も「全労働日」に算入した上で、出勤したものとして扱うことが適切なも

のと考えられます。なお、裁判員休暇日数を労基法第39条1項の「全労働日」から労働義務のない日として除外することも考えられますが、有給とする場合のこととの関係で言えば、前者の取扱が論理的に一貫していると思われます。

参考条文：

労働基準法第39条第1項
　　使用者は、その雇入の日から起算して6か月間継続勤務し全労働日の8割以上出勤した労働者に対して、継続し、又は分割した10労働日の有給休暇を与えなければならない。
　　（第2項以下省略）

> 「精皆勤手当」を算定する上で、裁判員としての活動期間を欠勤として扱うことは、「不利益取扱い」に当たります！　賞与の算定基礎から差し引くことも、同様です。

Q31

裁判員に選任された従業員へ、その日の裁判（審理）が終わったら出勤して仕事をするよう指示しても差し支えありませんか？　また、その場合には、時間外割増賃金を支払わなければならないのでしょうか？

answer

その日の審理が終わった後の時間帯は、自由です。仕事を命じても差し支えありません。なお、裁判員としての活動時間と出社してからの労働時間との合計が8時間を超えたとしても、時間外割増賃金を支払う必要はありません。

　当日の審理が終わった後は、いつもと同じ自由な時間、自由な生活に戻ります。したがって、当日予定されていた審理が終了した後に、従業員が会社に出勤し、溜まった仕事を片付ける、部下に用件を指示する、上司に仕事上の報告をする、得意先や取引先に連絡する、また、得意先に直行して業務を処理するなど通常と同様に、日常的な業務に従事しても何ら差し支えありません。

　また、会社が従業員に、審理が終了した後に出社して業務に従事するよう命じることは、業務上の必要に基づくものであれば、それは業務命令であり、従業員は一般に、就業規則で業務上の必要

がある場合には、所定労働時間外でも業務を命ずることができる旨規定されていることから、この業務命令を拒否することはできませんし、所定労働時間外にわたるものであっても、そのことを理由に拒否することはできません。なぜなら、裁判員としての職務は、会社の業務を遂行するための労働時間ではありませんし、雇用関係の下における労務の提供でもなく、二つの事業場で働く場合の労働時間の通算規定（労基法38①）には該当しないからです。

　なお、審理が終了した後に出社した場合の労働時間は、会社に到着し、実際に使用者の指揮命令下に入った時点が起算点となります。この時間が8時間を超えなければ時間外割増賃金を支払う必要はありません。

　法律上の仕分けとしては上記のとおりです。しかし、現実に、出勤を求めるか否かは、裁判員の職務が通常午後にも及ぶこと、また、慣れない職務で当該従業員の心身の負担が大きいことを考慮して、決めるべきと言えます。

> 裁判員休暇は、それに要する日や時間について労働する義務が消滅するものと考えられます。したがって、審理が1日早くあるいは何時間か早く終わったという場合、年休のように当然にその日は一日の休みとなるわけではありませんので、そのような場合の取扱いを定めておく必要があります。

Q32

裁判員候補者に選任され出頭を求められた従業員が、裁判員休暇をとって裁判所に出頭したものの裁判員には選任されなかった場合、とる予定だった裁判員休暇はどのように取り扱えばよいのでしょうか？

answer

　実際の取り扱いは、業種や業態、代替要員を確保しているかどうかなどによって異なることと思われます。**裁判員休暇はとりあえず初日だけにしておいて、裁判員に選ばれた場合には、残りの２～４日分を裁判員休暇の予定に組み込むというのも一つの方法です。**

　裁判員候補者として呼び出される人数は、通常の事件では１件について100人～50人程度と予想されています。そしてこの呼び出された候補者の中から、出頭した日の午前中に裁判員６人、補充裁判員２名程度が選ばれるのですから、ほとんどの人は裁判員に選ばれること無く、裁判員候補者としての職務はその日の午前中で終わってしまうことになります。そうすると、裁判員休暇として仮に５日間を予定していた場合には、必要がなくなった残りの休暇の取扱いをどうするのかという問題が生じます。特に、裁判員休暇中の代替要員を手当てしてしまっている場合などには、尚

更といえます。

　そこで、裁判員休暇規程には、このような事態に備えた定めを設けておく必要があります。どのような定め方とするかすなわちどのような取り扱いとするかは、①裁判所との距離（移動にどの程度の時間を要するか、すなわち裁判員に選ばれなかった場合に、午後半日は会社に戻って仕事をする時間的余裕があるか否かなど）、②裁判員裁判となる事件の内容（事実関係に争いがあるか否かによって裁判の日程＝休暇の日数に影響があるなど）③会社の業種や業態、裁判員休暇期間中の代替要員を配置しているか否かなど（裁判員休暇中の者の業務の負担を他の従業員が被っている、あるいは代替要員が確保されていて本人の入り込む余地が無い場合など）種々の前提条件によって異なるものと考えられます。

　いずれにしても、当初予定していたのと異なった事態が生じた場合には、次のように取り扱うことについて、あらかじめ定めておくことが望まれます。

① 　基本的な取扱い方としては、「裁判員候補者」には必要な時間を裁判員休暇として与え、「裁判員」に選任された場合には必要な日数を裁判員休暇として与えることとします。
② 　裁判員候補者としての出頭通知に記載される見込み期日数とは関係なく、まず、第一期日のみ１日分の裁判員休暇を与えます。この休暇は、第一期日の午前中で裁判員・補充裁判員に選任されなかった場合には、当日の午後の休暇は取消す旨の条件付き休暇とします。つまり、午後からは出勤することとなりますが、地方裁判所から会社に出勤するのに相当時間を要する場合には、終日を裁判員休暇としてしまう方法も考えられます。

③　裁判員休暇を取得するのか否かが当日まで判明しないのであれば、要員計画が立てられませんので、見込み期日数（多くの場合3日〜5日。これ以上の場合もあり得るとされています）全部を裁判員休暇として付与した上で、あらかじめ、代替要員を確保します。そして、裁判員に選任されなかった場合に、残余の裁判員休暇を年次有給休暇としたいと本人から申し出があれば、この申し出を認め、通常の年次有給休暇として処理することとします。

④　代替要員を確保してもなお人手が足りない場合などには、裁判員に任命された場合は裁判員休暇を与えるという条件付きの休暇とします。そして、選任されなかった場合にはその前提を欠くことから裁判員休暇が消滅し、選任されなかった日の午後または翌日からの出勤を求めることとします。

⑤　労働者派遣を受け入れるなどにより裁判員休暇中の代替要員を既に確保してしまっている場合には、出勤しても混乱することになり兼ねません。そこで、このような場合には裁判員に選任されなくても当初の予定どおり、特別休暇として与えます。研究したり取り組んだりすべき何らかの課題を与えた特別休暇とすることも一つの選択肢といえます。

　なお、裁判員休暇をとった者を、その取得したことを理由として、解雇その他不利益に取り扱うことはできません（第100条）ので注意が必要です。

⑥　派遣労働者の場合には、派遣先が裁判員休暇についての「みなし使用者」になり、派遣先に裁判員休暇の付与義務が発生しますが、それだからといって、派遣元は派遣先に代替要員を派

遣することが免除されるわけではなく、代替者の派遣が原則となります。なお、出頭しても、裁判員に選ばれなかった場合に翌日からの取扱いをどうするかは、派遣元、派遣先、本人と三者で協議しておくべきでしょう。

Q33

裁判所で裁判員としての職務に従事してから会社や自宅に戻る途中に交通事故に遭って負傷した場合、労災保険が適用されますか？ あるいは国家公務員災害補償法が適用されるのでしょうか？

answer

国家公務員災害補償法が適用されます。

裁判員は非常勤の裁判所職員となります。常勤の裁判所職員と同様に、国家公務員災害補償法の適用を受けることとなります（裁判員候補者についても同様です）。

公務災害としての各種の補償は受けられます。しかし、会社の業務とは関係がないことから「労災」としては扱われません。就業規則上は、私傷病と同様の性格となります。私傷病であっても一定程度の金銭を補償する制度を採用している会社の場合には、どこまでを補償するのかを定めておく必要があります。なお、公務災害であり「労災に準じて」取り扱うとすることもできますが、その場合には、「療養休業中等の解雇制限」（労基法19条）も適用するのか、労災の上乗せ補償のような金銭補償に止めておくのかを定めておくことがトラブルを回避する秘訣です。

Ⅲ 裁判員制度と人事・労務管理

Q34 裁判員としての職務に従事したことによって精神的に大きなショックを受けてメンタルヘルス不調を来たした場合、補償されるのですか？

answer

国家公務員災害補償法によって補償されます。

　裁判員制度の対象とする事件は、Q2で分かるように、刑事犯罪の中でも重大な事件に限られます。裁判所でも裁判員のメンタルヘルスには慎重に配慮しているようで、制度施行に向けて種々の配慮が明らかになると思われます。

　法的には、裁判員は非常勤の裁判所職員の身分の取扱いとなるため、裁判員の職務と相当因果関係のある傷病については「国家公務員災害補償法」の規定の適用を受けることとなります。裁判所としては、裁判員の心理的負担をできるだけ軽減するような審理を行うように努めるとされています（裁判員法第51条）。

Q35

派遣労働者が裁判員に選ばれた場合、裁判員としての職務に従事するために必要な時間を与えなければならない義務は、派遣元、派遣先いずれが負うのですか？

answer

派遣労働者が裁判員（裁判員候補者を含む）としての職務を遂行することを保障する義務は、派遣先が負います。

労働基準法第7条は、使用者は、労働者が労働時間中に公の職務を執行するために必要な時間を請求した場合には、拒んではならない旨を定めています。そして、「公の職務」とは、法令に根拠を有するものに限られますが、法令に基づく公の職務全てをいうものではなく、国または地方公共団体の公務に民意を反映してその適正を図る職務、例えば、裁判員等（平成17年9月30日基発第0930006号）とされており、裁判員等の職務が公の職務に当たることは言うまでもありません。

そして、雇用主と指揮命令者が異なるという特殊な就業形態である労働者派遣の場合には、労基法第7条に関して「派遣中の労働者の派遣就業に関しては、派遣先の事業のみを、派遣中の労働者を使用する事業とみなして、労働基準法第7条までの規定並び

に当該規定に基づいて発する命令の規定（これらの規定に係る罰則の規定を含む。）を適用する。」（労働者派遣法第44条第2項）とされています。すなわち、派遣先事業主が使用者としてみなされ、裁判員としての職務を遂行するために必要な時間を与える義務は、派遣先が負うこととなります。

　なお、派遣労働者Aが裁判員としての職務を遂行した場合に、①派遣元は、Aの業務の代行者Bを派遣する義務を負うのか、②派遣先は、Aの派遣料金を派遣元に支払う義務があるのか（Bが派遣された場合には、A、Bの派遣料金を支払う必要があるのか、Bのみの派遣料金の支払いで足りるのか）という問題が生じることが考えられます。

　たしかに、派遣法は労基法第7条のみなし使用者を派遣先としているものの、労基法第7条は、公の職務を遂行する時間を与える義務を規定しているに過ぎず、有給とするか否かは当事者の自由とされています（昭和22年11月27日基発第399号。なお、昭和42年の衆議院選挙等に際し、「民間の会社、工場等においても、選挙権行使のための便宜を図るとともに、遅刻、早退による給与の差し引きを行わないよう関係各省庁から協力を要請すること」（昭和42年1月20日閣議了解）とされたことがある）。してみると、派遣先がみなし使用者とされている以上、当該時間分の賃金は派遣先が負担することが望まれているとも見えます。しかし、結局のところは、法律上の義務とまでは言えないことから、トラブルを防ぐには、派遣契約に付随して、裁判員に選ばれた場合の取扱いをあらかじめ取り決めておくことが望まれます。

Q36

派遣労働者が裁判員に選任されたことを理由として、派遣先は派遣契約期間の中途でその派遣契約を解除できますか？

answer

派遣労働者が裁判員に選任されたことを理由として派遣契約を解除することはできないと考えられます。

　派遣先としては、派遣元事業主との間で締結した契約に基づいて派遣労働者が就労してくれないと派遣契約の目的とした業務に支障を生じることになりかねません。

　しかし、派遣労働関係においては、Q35で既述したとおり、派遣労働者の公民権行使の保障は派遣先事業主の負担すべき義務とされています。それは、派遣先が労働者の日々の就業に関して指揮監督を行う立場にあり、公民権の行使のための時間を付与する立場にあるからです。

　裁判員は公務として職務を行うものですから、派遣労働者であっても派遣先では自社の社員の場合と同様に裁判員の職務に必要な時間を付与するなどの配慮すべきと考えられます。

　なお、裁判員の職務に就いたことを理由に派遣先が派遣契約を解除することは、派遣労働者にとっては自己に過失がないにもか

かわらず派遣先から就業を拒否されることになり、また、雇用主である派遣元から解雇される可能性が高くなります。これは実質上、労基法第7条及び裁判員法第100条に反する結果を来たすことになり、このような労働者派遣契約の解除は許されないと解されます。

　また、派遣労働者にその責に帰すような理由があるわけでもないので、裁判員候補者あるいは裁判員に選ばれた派遣労働者の交替を求めることもできないと解されます。そこで、その期間中は派遣元と派遣先との派遣契約に基づいて代替者を派遣することになります。裁判員休暇を有給としたとき、派遣元は当該派遣労働者の当日の有給分と代替派遣労働者の賃金を負担しますが、派遣料金は、一人分となりますので、この点を事前に派遣先と協議しておくべきでしょう。

　なお、平成21年3月31日に改正された「派遣先が講ずべき措置に関する指針」では、労働者派遣契約を派遣先が中途解約した場合には、これに伴う損害を賠償する義務を派遣先に課すなどとしています。

　また、派遣労働で問題があるときは、実際に呼び出されたときに本人が裁判所に相談することも必要でしょう。

参考資料
裁判員休暇規程（例）

（目的）
第1条　この規程は、就業規則第〇条に基づき、裁判員法により従業員が裁判員等として裁判所に出頭するための休暇に関する事項について定める。

（適用範囲）
第2条　この規程は、すべての従業員（正社員、パートタイム社員）に適用する。

（裁判員休暇の付与）
第3条　従業員が、裁判員又は補充裁判員となった場合若しくは裁判員候補者となった場合には、次のとおり休暇を与える。

　　　　裁判員又は補充裁判員となった場合　　必要な日数
　　　　裁判員候補者となった場合　　　　　　必要な時間

（裁判員候補者に選任された場合の届出）
第4条　従業員が、裁判員候補者として裁判所から選任手続のための呼出しを受けたときは、少なくともその出頭期日の5週間前までに、所属長を通じて総務部に届け出なければならない。

　2　前項の届出は、所定の「裁判員休暇取得届」に呼出状の写しを添付して行うものとする。

（裁判員等に選任された場合の届出）
第5条　従業員が、裁判員等に選任されたときは、直ちにその旨を会社に届け出る（口頭で連絡し、事後に届書も出す。）ものとする。
　　２　裁判員等に選任された後、実際の審理日程が当初届け出た予定より変更されたときは、直ちにその旨を所属長を通じて会社に報告するものとする。

（裁判員にならないことが決定した場合の届出と休暇の終了）
第6条　従業員が、いったん裁判員休暇を取得した後に、裁判員休暇を受ける必要がなくなったときは、直ちにその旨を会社に届け出る（口頭で連絡し、事後に第2項の書類、届書を出す）ものとする。
　　２　前項の届出に当たっては、「裁判員休暇取得取消届」を所属長を経由して会社に提出するものとする。
　　３　裁判員候補者として裁判所に出頭した者が、裁判員にならないことが決定したときは、裁判員休暇はその日、その時間限りのものとして取り扱う。

（裁判員休暇取得日の賃金）
第7条　従業員が、裁判員休暇を取得した場合の賃金は、その者が通常勤務した場合と同額の賃金を支払う。（有給の場合の例）

（裁判員休暇取得日の取扱い）
第8条　会社は、従業員がこの規程に基づく届出により裁判員休暇を取得した日については、出勤したものとして取り扱う。

（裁判休暇取得日と賞与査定等）
第9条　会社は、賞与及び退職金の算定基礎に出勤状況を考慮す

る場合は、裁判員休暇を取得した日については、これを出勤したものとして取扱う。
（裁判員休暇取得による不利益取扱の禁止）
第10条　会社は、従業員が裁判員休暇を取得したことを理由として、解雇その他不利益な取扱いをしないこととする。

　　　附　則
（施行期日）
第１条　この規程は、平成21年５月21日から施行する。

（社）全国労働基準関係団体連合会都道府県支部一覧

北 海 道 支 部
　〒060-0807　札幌市北区北七条西2丁目6番地　37山京ビル2階　　TEL 011（747）6141
青 森 県 支 部
　〒030-0811　青森市青柳2丁目2－6　労働基準会館3階　　　　　　TEL 017（777）4686
岩 手 県 支 部
　〒020-0022　盛岡市大通1－1－16　岩手教育会館7階　　　　　　TEL 019（623）6521
宮 城 県 支 部
　〒980-0811　仙台市青葉区一番町2丁目5番22号 穴吹第19仙台ビル6階 TEL 022（265）4091
秋 田 県 支 部
　〒010-0921　秋田市大町3－2－44　協働大町ビル3階　　　　　　TEL 018（862）3362
山 形 県 支 部
　〒990-0041　山形市緑町1－9－30　緑町会館3階　　　　　　　　TEL 023（674）0204
福 島 県 支 部
　〒960-8035　福島市本町5－8　福島第一生命ビルディング4階　　TEL 024（522）6717
茨 城 県 支 部
　〒310-0801　水戸市桜川2－2－35　茨城県産業会館14階　　　　　TEL 029（302）8230
栃 木 県 支 部
　〒320-0041　宇都宮市松原2－5－21　栃木県木材会館5階　　　　TEL 028（622）5368
群 馬 県 支 部
　〒371-0027　前橋市平和町1－5－1　　　　　　　　　　　　　　TEL 027（233）3582
埼 玉 県 支 部
　〒330-0074　さいたま市浦和区北浦和5－3－20　NVビル2階　　　TEL 048（822）3466
千 葉 県 支 部
　〒260-0026　千葉市中央区千葉港4－3　千葉県経営者会館305号　TEL 043（241）2626
東 京 都 支 部
　〒132-0021　江戸川区中央1-8-1　内宮ビル3階　　　　　　　　　TEL 03（5678）5556
神 奈 川 県 支 部
　〒231-0012　横浜市中区相生町3－63　ヤオマサビル3階　　　　　TEL 045（662）5965
新 潟 県 支 部
　〒950-0965　新潟市中央区新光町5－1　千歳ビル2階　　　　　　TEL 025（283）2201
富 山 県 支 部
　〒930-0873　富山市金屋字川端767－30　富山市金屋企業団地内　TEL 076（442）3966
石 川 県 支 部
　〒920-0962　金沢市広坂1－9－15　石川郷友会館2階　　　　　　TEL 076（232）2973
福 井 県 支 部
　〒910-0845　福井市志比口3－2－14　はさきビル3階　　　　　　TEL 0776（54）3323
山 梨 県 支 部
　〒400-0024　甲府市北口2丁目15－1　桂甲府ビル　　　　　　　　TEL 055（251）6626
長 野 県 支 部
　〒380-0918　長野市アークス2－3　　　　　　　　　　　　　　　TEL 026（223）0280
岐 阜 県 支 部
　〒500-8727　岐阜市神田町2－2　岐阜商工会議所ビル4階　　　　TEL 058（264）9300
静 岡 県 支 部
　〒420-0839　静岡市葵区鷹匠2丁目17-5　静基連会館2階　　　　　TEL 054（254）1012
愛 知 県 支 部
　〒460-0008　名古屋市中区栄2－9－26　ポーラ名古屋ビル8階　　TEL 052（222）0198

三重県支部
〒514-0008　津市上浜町1－293－4　三重私学青少年会館1階　　TEL 059（227）1051

滋賀県支部
〒520-0801　大津市におの浜3－4－40　サカタビル3階　　　　TEL 077（522）1786

京都府支部
〒615-0042　京都市右京区西院東中水町17 京都府中小企業会館6階　TEL 075（321）2731

大阪府支部
〒534-0025　大阪市都島区片町2－2－40　大発ビル7階　　　　TEL 06（6353）7401

兵庫県支部
〒651-0084　神戸市中央区磯辺通3－1－2　第3建大ビル8階　　　TEL 078（231）6903

奈良県支部
〒630-8113　奈良市法蓮町163－1　新大宮愛正寺ビル2階　　　　TEL 0742（36）2040

和歌山県支部
〒641-0012　和歌山市紀三井寺856 和歌山地域地場産業振興センター4階　TEL 073（446）7000

鳥取県支部
〒689-1112　鳥取市若葉台南1－17　　　　　　　　　　　　　　TEL 0857（52）7301

島根県支部
〒690-0825　松江市学園1－5－35　　　　　　　　　　　　　　TEL 0852（23）1730

岡山県支部
〒700-0984　岡山市北区桑田町15－28　岡山県労働基準会館2階　TEL 086（225）4538

広島県支部
〒730-0012　広島市中区上八丁堀8－23　林業ビル8階　　　　　TEL 082（224）0831

山口県支部
〒753-0051　山口市旭通り2－9－19　山口建設ビル2階　　　　　TEL 083（925）1430

徳島県支部
〒770-0011　徳島市北佐古1番町5－12　JA会館8階　　　　　　TEL 088（634）1267

香川県支部
〒761-8031　高松市郷東町436－3　香川労働基準会館1階　　　TEL 087（816）1401

愛媛県支部
〒790-0067　松山市大手町1－1－6　第2中矢ビル3階　　　　　TEL 089（921）7033

高知県支部
〒780-0821　高知市桜井町2－6－31　コーポNOR 1F　　　　　TEL 088（861）5566

福岡県支部
〒810-0802　福岡市博多区中洲中島町3－10　福岡県消防会館4階　TEL 092（262）7874

佐賀県支部
〒849-0925　佐賀市八丁畷町6－9　　　　　　　　　　　　　　TEL 0952（32）1519

長崎県支部
〒852-8117　長崎市平野町12－11　井手ビル2階　　　　　　　TEL 095（849）2450

熊本県支部
〒860-0845　熊本市上通町7－32　蚕糸会館3階　　　　　　　　TEL 096（356）1989

大分県支部
〒870-0023　大分市長浜町3－15－19　大分商工会議所ビル3階　TEL 097（534）7711

宮崎県支部
〒880-0806　宮崎市広島2－10－20　坂下ビル5階　　　　　　　TEL 0985（31）4656

鹿児島県支部
〒892-8550　鹿児島市新屋敷町16－16　　　　　　　　　　　　TEL 099（223）1373

沖縄県支部
〒900-0001　那覇市港町2－5－23 九州沖縄トラック研修会館3階　TEL 098（864）5481

もっと詳しく、お知りになりたいときは、「社員が裁判員に選ばれたらどうするか？人事・労務担当者のための裁判員制度のQ＆A」（安西・渡邊・岩本編　労働調査会発行　＠1600＋税）をどうぞ。

【監修者】安西　愈（あんざい・まさる）

1938年香川県生まれ。弁護士。
1958年香川労働基準局に採用され、労働基準監督官として大内労基署等に勤務。1962年に中央大学法学部（通信教育課程）を卒業後、1964年労働省労働基準局監督課へ転任。1969年に労働省を退職し、司法研修所入所。1971年弁護士登録。1985年第一東京弁護士会副会長。1999年日本弁護士連合会研修委員長。2004年中央大学法科大学院客員教授。東京地方最低賃金審議会会長、前最高裁司法研修所教官、前労働省科学顧問。
著書として、『労働時間・休日・休暇の法律実務』（中央経済社）、『労働災害の民事責任と損害賠償　上・中・下・続』（労災問題研究所）、『管理職のための人事・労務の法律』（日経文庫）、「新版・労働者派遣法の法律実務（上・下）」（労働調査会）ほか多数がある。

裁判員制度と人事労務のQ＆A
ーうちの従業員が裁判員に選ばれたー
定価366円（本体333円＋税10％）

平成21年9月25日発行

監　　修　　安西　愈
編集・発行　　社団法人　全国労働基準関係団体連合会

〒105-0003　東京都港区西新橋2-16-2
　　　　　　全国たばこセンタービル

電話（03）3437-1022　（代表）
FAX（03）3437-6609

全基連　検索

Ⓒ 全国労働基準関係団体連合会
ISBN978-4-915773-86-0 C2034 ¥333E